SUPPORTIVE CASUAL STEP

SUPPORTIVE CASUAL STEP 1

발행일   2016년 6월 25일

지은이   남 상 경
펴낸이   손 형 국
펴낸곳   (주)북랩
편집인   선일영   편집   김향인, 권유선, 김예지, 김송이
디자인   이현수, 신혜림, 윤미리내, 임혜수   제작   박기성, 황동현, 구성우
마케팅   김회란, 박진관, 김아름
출판등록 2004. 12. 1(제2012-000051호)
주소   서울시 금천구 가산디지털 1로 168, 우림라이온스밸리 B동 B113, 114호
홈페이지   www.book.co.kr
전화번호   (02)2026-5777   팩스   (02)2026-5747

ISBN   979-11-5987-090-3 04740(종이책)
         979-11-5987-087-3 04740(SET)
         979-11-5987-091-0 05740(전자책)

이 도서의 국립중앙도서관 출판예정도서목록(CIP)은 서지정보유통지원시스템 홈페이지(http://seoji.nl.go.kr)와
국가자료공동목록시스템(http://www.nl.go.kr/kolisnet)에서 이용하실 수 있습니다.
(CIP제어번호 : CIP2016014913)

성공한 사람들은 예외없이 기개가 남다르다고 합니다.
어려움에도 꺾이지 않았던 당신의 의기를 책에 담아보지 않으시렵니까?
책으로 펴내고 싶은 원고를 메일(book@book.co.kr)로 보내주세요.
성공출판의 파트너 북랩이 함께하겠습니다.

SUPPORTIVE CASUAL STEP

남상경 지음

1

당신의 0살 영어를
7살로 키워 주는
실전 영어 프로젝트

북랩 book Lab

SUPPORTIVE CASUAL STEP 1에 대하여

'SUPPORTIVE CASUAL STEP 1'은 그야말로 'CASUAL STEP 1'의 보조 교재로서 연습을 중시하는 이 프로그램에 걸맞게 구성되었다. 이 책에는 더 많은 내용을 삽입하여 연습하는 이가 더 많은 표현법을 익힐 수 있도록 했다.

언어는 대개 만 17세에 거의 완성된다. 성인들은 17세의 언어로 죽을 때까지 먹고 산다. 나의 영어 실력을 20세 또는 40세까지 끌어올리겠다는 착각은 하지 마라. 그런 것은 없다. 혹, 자신의 실질 나이가 30세 또는 40세 이상이라 할지라도 두려워 말고 일단 시작해 보라. 영어 실력이 0살인 40대 한국인이 이 책으로 7살의 영어 실력으로 성장한다면, 다음 단계로 나아갈 수 있는 티켓을 얻은 것이다.

이 책은 다른 언어로도 번역하여 다른 나라 사람들에게도 제공할 수 있다. 저자는 대한민국 사람들이 영어를 좀 더 쉽고 빠른 방식으로 접근하여 2개국어가 가능한 사람으로 성장하기를 바란다.

저자 남상경

Chapter 1

기본적인 문장
연습하기

1-1 Be동사

- is/am/are: -이다, -있다, -되다

1. I am a good student.

2. You are a good boy.

3. He is a dentist.

4. She is a famous surgeon.

5. I am a tax accountant.

6. You are a diplomat.

7. Jackson is a young kid.

8. My mom is a kind person.

9. I am sad each day.

10. She is really happy every day.

11. You are good at studying.

12. My younger brother is bad at speaking English.

13. My friend is smart and intelligent.

1. 나는 모범생이다.

2. 너는 착한 녀석이야.

3. 그는 치과의사다.

4. 그녀는 유명한 외과의사다.

5. 나는 세무사다.

6. 너는 외교관이야.

7. 잭슨은 어린이다.

8. 나의 엄마는 친절한 사람이다.

9. 나는 매일 슬프다.

10. 그녀는 정말로 매일 행복하다.

11. 너는 공부하는 데 능숙하구나.

12. 나의 남동생은 영어를 어설프게 한다.

13. 나의 친구는 영특하고 총명하다.

14. I am sometimes happy.

15. I am usually sad about that.

16. I am always pleased with you.

17. I am a smart girl.

18. I am an intelligent businessman.

19. I am the king of Korean pop music.

20. I am quite lazy.

21. I am outgoing and active.

22. I am passive and easygoing.

23. I am seriously bad at speaking English.

24. I am really good at talking in English.

25. I am able.

26. I am able to speak English.

27. I am talented at singing.

28. I am highly talented at speaking many languages.

14. 나는 가끔 기쁘다.

15. 나는 주로 그것에 대해 슬프다.

16. 나는 항상 너에게 만족한다.

17. 나는 영리한 여성이다.

18. 나는 총명한 사업가다.

19. 나는 한국 대중가요의 왕이다.

20. 나는 꽤 게을러.

21. 나는 외향적이고 활동적이야.

22. 나는 수동적이고 느긋해.

23. 나는 영어를 심각하게 못해.

24. 나는 영어로 대화하는 것에 정말로 능숙해.

25. 나는 할 수 있어.

26. 나는 영어를 말할 수 있어.

27. 나는 노래하는 데 재능이 있어.

28. 나는 많은 언어를 구사하는 데 매우 재능이 있어.

29. She is a good person.

30. He is quite generous.

31. Mr. B is urbane and handsome.

32. He is always cool.

33. She is nice to me all the time.

34. He is a good dad for me.

35. Jackson is sometimes angry at his looks.

36. Jo is polite to everyone.

37. Anderson is a good singer.

38. Dean is my favorite pop singer.

39. Nolan is a movie star.

40. This book is mine.

41. This English book is for conversation.

42. This English book is written by Ms. Lilly.

43. Pablo Picasso is an artist.

44. His artworks are all famous.

29. 그녀는 좋은 사람이다.

30. 그는 꽤 관대해.

31. 미스터 B는 세련되고 잘생겼다.

32. 그는 항상 멋지다.

33. 그녀는 항상 나에게 잘 대해 준다.

34. 그는 나에게 좋은 아빠다.

35. 잭슨은 가끔 그의 외모에 화가 난다.

36. 조는 모두에게 공손하다.

37. 앤더슨은 훌륭한 가수다.

38. 딘은 내가 좋아하는 대중가수다.

39. 놀란은 영화배우다.

40. 이 책은 나의 것이다.

41. 이 영어 책은 대화를 위한 것이다.

42. 이 영어 책은 릴리 선생님이 쓴 것이다.

43. 파블로 피카소는 예술가다.

44. 그의 작품은 모두 유명하다.

1-2 부정문 만들기: be + not

- be + not: …이 아니다

1. I am not a good student.

2. You are not a good boy.

3. He is not a dentist.

4. She is not a famous surgeon.

5. I am not a tax accountant.

6. You are not a diplomat.
   디플러맽

7. Jackson is not a young kid.

8. My mom is not a scary person.
   스깨어뤼

9. I am not tired each day.

10. She is not really happy every day.

11. You are not good at studying.

12. He is not that bad at speaking English.

13. My friend is not stupid or lazy.

1. 나는 모범생이 아니다.

2. 너는 착한 남자가 아니야.

3. 그는 치과 의사가 아니야.

4. 그녀는 유명한 외과의사가 아니야.

5. 나는 세무사가 아니다.

6. 당신은 외교관이 아니다.

7. 잭슨은 어린이가 아니다.

8. 나의 엄마는 무서운 사람이 아니다.

9. 나는 매일 피곤하지 않아.

10. 그녀는 정말로 매일 행복하지 않아.

11. 당신은 공부하는 데 능숙하지 않군요.

12. 그는 영어를 말하는 데 그리 서툴지 않아.

13. 나의 친구는 멍청하거나 게으르지 않아.

14. I am not sometimes happy.

15. I am not usually sad about that.

16. I am never pleased with you.

17. I am not a smart girl.

18. I am not an intelligent businessman.

19. I am not the king of Korean pop music.

20. I am not highly lazy.

21. I am not very outgoing or active.

22. I am not passive or easygoing.

23. I am not seriously bad at speaking English.

24. I am not really good at talking in English.

25. I am not able.

26. I am not able to speak English.

27. I am not talented at singing.

28. I am not highly talented at speaking many languages.

29. She is not a good person.

30. He is not pretty generous.

31. Mr. B is not urbane or handsome.

32. He is never cool.

33. She is not nice to me all the time.

34. He is not a good dad for me.

35. Jackson is not usually happy with his looks.

14. 나는 가끔 기쁘지 않아.

15. 나는 그것에 대해 정말로 안타까워.

16. 나는 절대 너에게 만족하지 않아.

17. 나는 영리한 여성이 아니야.

18. 나는 총명한 사업가는 아니야.

19. 나는 한국 대중음악의 왕이 아닙니다.

20. 나는 매우 게으르지 않아요.

21. 나는 매우 외향적이거나 활동적이지 않아.

22. 나는 소극적이거나 느긋하지 않아.

23. 나는 영어 말하기를 심각하게 못하지 않아.

24. 나는 영어로 대화하는 데 정말로 능하지 않아.

25. 나는 할 수 없어.

26. 나는 영어를 말할 수 없어.

27. 나는 노래하는 데 재능이 없어.

28. 나는 많은 언어를 말하는 데 매우 재능이 있지 않아.

29. 그녀는 좋은 사람이 아니야.

30. 그는 꽤 관대하지 않아.

31. 미스터 B는 세련되거나 잘생기지 않았어.

32. 그는 늘 멋지지 않아.

33. 그녀는 항상 나에게 잘 대해 주지 않아.

34. 그는 나에게 좋은 아빠는 아니야.

35. 잭슨은 주로 그의 외모에 기쁘지 않아.

36. Jo is not polite to anyone.

37. Anderson is not a good singer.

38. Dean is not my favorite pop singer.

39. Nolan is not a movie star.

40. This book is not mine.

41. This English book is not for memorizing.

42. This English book is not written by Mr. Idiot.

43. Lilly is not a fine artist.

44. His artworks are not famous at all.

45. I am a young student. I am always happy with my daily life. I am sometimes unhappy with it, but I am usually okay. I am talented at arts. Drawing is my favorite.

46. My parents are stressed out all the time. They are usually busy. I am unhappy with them.

47. I am happy with my friends. They are always pleased. They are all gentle and generous. We are happy together all the time.

48. Dean is my best friend. He is cool. He is also popular. He is nice to everyone. He is highly polite. He is almost perfect.

36. 조는 어느 누구에게도 공손하지 않아.

37. 앤더슨은 훌륭한 가수는 아니야.

38. 딘은 내가 좋아하는 대중가수는 아니야.

39. 놀란은 영화배우가 아니야.

40. 이 책은 나의 것이 아니야.

41. 이 영어 책은 외우기 위한 것이 아니야.

42. 이 영어 책은 미스터 멍청이가 쓴 것이 아니야.

43. 릴리는 예술가가 아니야.

44. 그의 예술작품들은 전혀 유명하지 않아.

45. 나는 어린 학생이다. 나는 항상 나의 일상생활에 기쁘다. 나는 가끔 그것에 언짢기는 하지만 나는 주로 괜찮다. 나는 미술에 재능이 있다. 그림 그리는 것이 내가 제일 좋아하는 것이다.

46. 나의 부모님은 항상 스트레스가 쌓인다. 그들은 주로 바쁘다. 나는 그들에게 언짢다.

47. 나는 나의 친구들과 기쁘다. 그들은 항상 기쁘다. 그들은 모두 온화하고 마음이 넓다. 우리는 항상 함께 기쁘다.

48. 딘은 나와 제일 친한 친구다. 그는 멋지다. 그는 또한 인기 있다. 그는 모두에게 잘 대해 준다. 그는 매우 공손하다. 그는 거의 완벽하다.

1-3 의문문 만들기: V + S + ?

- Are you happy each day? Why? 당신은 매일 행복한가요? 왜죠?

1. Are you a good student?

2. Are you a good boy?

3. Is he a dentist?

4. Is she a famous surgeon?

5. Are you a tax accountant?

6. Are you a diplomat?

7. Is Jackson a young kid?

8. Is your mom a kind person?

9. Are you sad each day?

10. Is she really happy every day?

11. Are you good at studying?

12. Is your mom bad at speaking English?

13. Is your friend smart and intelligent?

1. 너는 모범생이니?

2. 너는 착한 남자니?

3. 그는 치과의사입니까?

4. 그녀는 유명한 외과의사입니까?

5. 당신이 세무사입니까?

6. 당신이 외교관입니까?

7. 잭슨은 어린이입니까?

8. 당신의 엄마는 친절한 사람입니까?

9. 당신은 매일 서글픈가요?

10. 그녀는 정말로 매일 행복한가요?

11. 당신은 공부하는 데 능숙한가요?

12. 당신의 엄마는 영어를 못하나요?

13. 너의 친구는 영리하고 총명하니?

14. Are you sometimes happy?

15. Are you usually sad about that?

16. Are you always pleased with me?

17. Are you a smart girl?

18. Are you an intelligent businessman?

19. Are you the king of Korean pop music?

20. Are you quite lazy?

21. Are you outgoing and active?

22. Are you passive and easygoing?

23. Are you seriously bad at speaking English?

24. Are you really good at talking in English?

25. Are you able?

26. Are you able to speak English?

27. Are you talented at singing?

28. Are you highly talented at speaking many languages?

14. 너는 가끔 행복하니?

15. 너는 주로 그것에 대해 서운하니?

16. 너는 항상 나에 대해 기쁘니?

17. 너는 영리한 여성이니?

18. 너는 총명한 사업가니?

19. 너는 한국 대중음악의 왕이니?

20. 너는 꽤 게으르니?

21. 너는 외향적이고 활동적이니?

22. 너는 수동적이고 느긋하니?

23. 너는 영어로 말하는 데 심각하게 서투니?

24. 너는 영어로 대화하는 데 정말로 능숙하니?

25. 당신은 할 수 있는가?

26. 당신은 영어를 할 수 있는가?

27. 당신은 노래하는 데 재능이 있는가?

28. 당신은 많은 언어를 말하는 데 매우 재능이 있는가?

29. Is she a good person?

30. Is he quite generous?

31. Is Mr. B urbane and handsome?

32. Is he always cool?

33. Is she nice to you all the time?

34. Is he a good dad for you?

35. Is Jackson sometimes angry at his looks?

36. Is Jo polite to everyone?

37. Is Anderson a good singer?

38. Is Dean your favorite pop singer?

39. Is Nolan a movie star or a director?

40. Is this book yours?

41. Is this English book for conversation?

42. Is this English book written by Ms. Lilly?

43. Is Pablo Picasso an artist?

44. Are his artworks all famous?

29. 그녀는 착한 사람인가?

30. 그는 꽤 관대한가?

31. 미스터 B는 세련되고 잘생겼는가?

32. 그는 항상 멋진가?

33. 그녀는 항상 당신을 잘 대해 주는가?

34. 그는 당신에게 좋은 아빠인가?

35. 잭슨은 가끔 그의 외모에 화가 나는가?

36. 조는 모두에게 공손한가?

37. 앤더슨은 훌륭한 가수인가?

38. 딘은 당신이 좋아하는 대중가수인가?

39. 놀란은 영화배우인가 아니면 감독인가?

40. 이 책은 너의 것인가?

41. 이 영어 책이 대화를 위한 것인가?

42. 이 영어 책이 릴리 선생님이 쓴 것인가?

43. 파블로 피카소는 예술가인가?

44. 그의 작품들이 모두 유명한가?

Chapter 2

반드시 알아야 할
문장력 키우기 1

2-1 Can: 가능, 능력

1. I can see you.

2. I can see everything in the world.

3. You can run fast.

4. She can read this book in English.

5. He can do everything.

6. Jane can finish it.

7. You can steal a minute of my time.
   스띠을: 훔치다

8. You can help me.

9. I can help you out.

10. I can sing Korean pop songs.

11. She can dance.

12. He can tell you every story.

13. We can just start.

NOTE

help: 돕다, 도와주다
help (somebody) out: (곤경에 처한 사람을) 도와주다

1. 나는 너를 볼 수 있어.

2. 나는 세상의 모든 것을 볼 수 있어.

3. 너는 빨리 달릴 수 있어.

4. 그녀는 이 책을 영어로 읽을 수 있어.

5. 그는 모든 것을 할 수 있어.

6. 제인은 그것을 끝낼 수 있어.

7. 너에게 내 시간을 줄 수 있어.

8. 너는 나를 도울 수 있어.

9. 나는 당신을 도울 수 있어요.

10. 나는 한국 대중가요를 부를 수 있어.

11. 그녀는 춤을 출 수 있어.

12. 그가 너에게 모든 이야기를 말해 줄 수 있어.

13. 우리는 바로 시작할 수 있어.

2-2 cannot = can't

- Just: 우리는 just를 '그냥' 또는 '그저'라고 알고 있지만, '바로' 또는 '지금'이라는 의미가 강합니다. 상황에 따라 어감이 다르게 표현될 수 있으니, 연습을 많이 하시기를 바랍니다.

1. I cannot see you now.

2. I cannot clearly see everything.

3. You cannot run fast.

4. She cannot read this book in English.

5. He cannot do anything.

6. Jane cannot finish it right now.

7. You cannot steal a minute of my time.

8. You cannot help me.

9. I cannot help you out.

10. I cannot sing Korean pop songs.

11. She cannot actually dance.

12. He cannot tell you any story.

13. We cannot just start.

1. 나는 지금 너를 볼 수 없어.

2. 나는 모든 것을 분명하게 볼 수 없어.

3. 너는 빨리 달릴 수 없구나.

4. 그녀는 이 책을 영어로 읽을 수 없어.

5. 그는 어떤 것도 할 수 없다.

6. 제인은 그것을 지금 당장 끝낼 수 없다.

7. 당신은 나의 시간을 쓸 수 없어.

8. 너는 나를 도울 수 없어.

9. 나는 당신을 도울 수 없어.

10. 나는 한국의 대중가요를 부를 수 없어.

11. 사실 그녀는 춤을 출 수 없어.

12. 그는 어떤 이야기도 네게 말해 줄 수 없어.

13. 우리는 바로 시작할 수 없어.

2-3 의문문: Can you ··· ?

1. Can I just see you?

2. Can you see everything?

3. Can you run fast?

4. Can she read this book in English?

5. Can he do everything?

6. Can Jane finish it?

7. Can I steal a minute of your time?

8. Can you help me?

9. Can you help me out?

10. Can you sing Korean pop songs?

11. Can she dance?

12. Can he tell you every story?

13. Can we just start?

1. 내가 너를 바로 볼 수 있을까?

2. 너 모든 것을 볼 수 있니?

3. 너는 빨리 달릴 수 있니?

4. 그녀가 이 책을 영어로 읽을 수 있을까?

5. 그가 모든 것을 할 수 있을까?

6. 제인이 그것을 끝낼 수 있을까?

7. 시간 좀 내 주실 수 있나요?

8. 나를 도와줄 수 있니?

9. 나를 도와줄 수 있겠니?

10. 당신은 한국 대중가요를 부를 수 있나요?

11. 그녀가 춤출 수 있다고?

12. 그가 네게 모든 이야기를 말해 줄 수 있니?

13. 우리가 바로 시작할 수 있을까?

2-4 like/love + ing

- like/love + ing: … 하는 것을 좋아하다

1. I like studying something new.

2. I love your eyes.

3. I like dancing with you.

4. I love styling my hair.

5. You like driving your boat.

6. We like listening to music.

7. They love cooking.

8. I love baking.

9. You like noting everything.

10. My parents like reading books.

11. I love getting along with people.

12. I like talking with many people.

13. I like making you happy.

NOTE

(make a) note: 메모하다, 메모

1. 나는 무언가 새로운 것을 공부하는 것을 좋아해.

2. 나는 너의 눈이 좋아.

3. 나는 너와 춤을 추는 것이 좋아.

4. 나는 내 머리를 스타일링 하는 것을 좋아해.

5. 너는 너의 보트 운전하는 것을 좋아하는구나.

6. 우리는 음악을 듣는 것을 좋아하지.

7. 그들은 요리하는 것을 사랑하지.

8. 나는 빵을 굽는 것을 사랑해.

9. 너는 모든 것을 메모하는 것을 좋아하는구나.

10. 나의 부모님은 책 읽는 것을 좋아하지.

11. 나는 사람들과 어울리는 것을 매우 좋아하지.

12. 나는 많은 사람들과 대화하는 것을 좋아하지.

13. 나는 너를 기쁘게 만드는 것을 좋아하지.

2-5 do not like/love + ing

• do not like/love + ing: ⋯ 하는 것을 좋아하지 않는다

1. I don't like studying something old.

2. I don't love you any longer.

3. I don't like dancing with you.

4. I don't like styling my hair every morning.

5. You don't like driving your boat.

6. We don't like listening to music.

7. They don't love cooking.

8. I don't love baking.

9. You don't like noting anything.

10. My parents don't like reading books.

11. I don't love getting along with rude people.

12. I don't like talking with rude people.

13. I don't like making you sad.

1. 나는 무언가 오래된 것을 공부하는 것을 좋아하지 않아.

2. 나는 더 이상 너를 사랑하지 않아.

3. 나는 너와 춤추는 것을 좋아하지 않아.

4. 나는 매일 아침에 내 머리를 스타일링 하는 것을 좋아하지 않아.

5. 너는 너의 보트를 운전하는 것을 좋아하지 않네.

6. 우리는 음악 듣는 것을 좋아하지 않아.

7. 그들은 요리하는 것을 좋아하지 않아.

8. 나는 빵 굽는 것을 좋아하지 않아.

9. 너는 어떤 것이라도 메모하는 것을 좋아하지 않는구나.

10. 나의 부모님은 책 읽는 것을 좋아하지 않아.

11. 나는 예의 없는 사람들과 어울리는 것을 좋아하지 않아.

12. 나는 버릇없는 사람들과 대화하는 것을 좋아하지 않아.

13. 나는 너를 슬프게 하는 것을 좋아하지 않아.

2-6 Do you like/love + ing ··· ?

• Do you like/love + ing ··· ?: ··· 하는 것을 좋아하니?

1. Do you like studying something new?

2. Do you love my eyes?

3. Do you like dancing with me?

4. Do you love styling your hair?

5. Do you like driving your boat?

6. Do you like listening to music?

7. Do they love cooking?

8. Do you love baking?

9. Do you like noting everything?

10. Do your parents like reading books?

11. Do you love getting along with people?

12. Do you like talking with many people?

13. Do you like making everyone happy?

1. 너는 무언가 새로운 것을 공부하는 것을 좋아하니?

2. 당신은 나의 눈을 사랑하나요?

3. 당신은 나와 춤을 추는 것을 좋아하나요?

4. 당신은 당신의 머리를 스타일링 하는 것을 좋아하는가?

5. 당신은 당신의 보트를 운전하는 것을 좋아하는가?

6. 당신은 음악 듣는 것을 좋아하는가?

7. 그들은 요리하는 것을 좋아하는가?

8. 당신은 빵을 굽는 것을 좋아하는가?

9. 당신은 모든 것을 메모하는 것을 좋아하는가?

10. 당신의 부모는 책 읽는 것을 좋아하는가?

11. 당신은 사람들과 어울리는 것을 좋아하는가?

12. 당신은 많은 사람들과 대화하는 것을 좋아하는가?

13. 당신은 모두를 기쁘게 하는 것을 좋아하는가?

2-7 likes/loves + ing

- likes/loves + ing: …하는 것을 좋아하다
- Teacher? 선생님을 가리키는 단어는 'teacher'이며, 선생님을 부를 때는 Mr. Ms. Mrs.를 붙입니다. 예) Lilly teacher(x), Ms. Lilly(o)

1. She likes trying new things.

2. He likes reading books.

3. Jane loves me a lot.

4. Mr. Jack loves his family very much.

5. Brad likes watching TV shows at night.

6. Ms. Wendy likes teaching young kids.

7. My mom likes swimming.

8. Lilly likes going to the movies.

9. Ms. Lilly loves her job very much.

10. James likes working a lot.

11. My son likes eating sweets.

12. My brother likes taking pictures.

13. Jane loves noting.

1. 그녀는 새로운 것을 시도하는 것을 좋아한다.

2. 그는 책 읽는 것을 좋아한다.

3. 제인은 나를 많이 사랑해.

4. 미스터 잭은 그의 가족을 매우 많이 사랑해.

5. 브래드는 밤에 TV 쇼 보는 것을 좋아한다.

6. 웬디 선생님은 어린이를 가르치는 것을 좋아한다.

7. 나의 엄마는 수영하는 것을 좋아한다.

8. 릴리는 영화관에 가는 것을 좋아한다.

9. 릴리 선생님은 그녀의 일을 매우 많이 좋아한다.

10. 제임스는 일하는 것을 많이 좋아한다.

11. 나의 아들은 사탕 먹는 것을 좋아한다.

12. 나의 남동생은 사진 찍는 것을 좋아한다.

13. 제인은 메모하는 것을 좋아한다.

2-8 does not like/love + ing

- does not like/love + ing: ··· 하는 것을 좋아하지 않는다

1. She doesn't like trying new things.

2. He doesn't like reading books.

3. Jane doesn't love me any longer.

4. Mr. Jack doesn't love his family at all.

5. Brad doesn't like watching TV shows at night.

6. Ms. Wendy doesn't like teaching young kids.

7. My mom doesn't like swimming.

8. Lilly doesn't like going to the movies alone.

9. Ms. Lilly doesn't actually love her job.

10. James doesn't like working till night.

11. My son doesn't like eating spicy foods.

12. My brother doesn't like taking his pictures.

13. Jane doesn't love noting anything.

1. 그녀는 새로운 것들을 시도하는 것을 좋아하지 않아.

2. 그는 책 읽는 것을 좋아하지 않아.

3. 제인은 더 이상 나를 사랑하지 않아.

4. 미스터 잭은 그의 가족을 전혀 사랑하지 않아.

5. 브래드는 밤에 TV쇼 보는 것을 좋아하지 않아.

6. 웬디 선생님은 어린이를 가르치는 것을 좋아하지 않아.

7. 나의 엄마는 수영하는 것을 좋아하지 않아.

8. 릴리는 영화관에 혼자 가는 것을 좋아하지 않아.

9. 릴리 선생님은 사실 그녀의 일을 사랑하지 않아.

10. 제임스는 밤까지 일하는 것을 좋아하지 않아.

11. 나의 아들은 매운 음식 먹는 것을 좋아하지 않아.

12. 나의 남동생은 그의 사진을 찍는 것을 좋아하지 않아.

13. 제인은 어떤 것이라도 메모하는 것을 좋아하지 않아.

2-9 Does she like/love + ing ··· ?

- Does she like/love + ing ··· ?: ··· 하는 것을 좋아하니?

1. Does she like trying new things?

2. Does he like reading books?

3. Does Jane love you a lot?

4. Does Mr. Jack love his family very much?

5. Does Brad like watching TV shows at night?

6. Does Ms. Wendy like teaching young kids?

7. Does your mom like swimming?

8. Does Lilly like going to the movies?

9. Does Ms. Lilly love her job very much?

10. Does James like working a lot?

11. Does your son like eating sweets?

12. Does your brother like taking pictures?

13. Does Jane love noting?

1. 그녀는 새로운 것들을 시도하는 것을 좋아하는가?

2. 그는 책을 읽는 것을 좋아하는가?

3. 제인은 당신을 많이 사랑하는가?

4. 잭슨 씨는 그의 가족을 매우 많이 사랑하는가?

5. 브래드는 밤에 TV쇼 보는 것을 좋아하는가?

6. 웬디 선생님은 어린이를 가르치는 것을 좋아하는가?

7. 당신의 엄마는 수영하는 것을 좋아하는가?

8. 릴리는 영화관에 가는 것을 좋아하는가?

9. 릴리 선생님은 그녀의 일을 매우 많이 좋아하는가?

10. 제임스는 일하는 것을 많이 좋아하는가?

11. 너의 아들은 사탕 먹는 것을 좋아하니?

12. 너의 형은 사진 찍는 것을 좋아하니?

13. 제인은 메모하는 것을 좋아하니?

2-10 여러 가지 의문문

• Does she like/love + ing ··· ?: ··· 하는 것을 좋아하니?

1. What is your favorite sport?

2. What is your name?

3. Who is she?

4. Who are you?

5. How are you?

6. How is he?

7. Why are you nervous?

8. Why are you afraid?

9. What time is it now?

10. What are you afraid of?

11. Where is my purse?

12. Are there many people at the cafe?

13. How many people are there at the cafe?

14. Are there a lot of clients at the office?

15. How many clients are there at the office?

16. How many kids are there in the kindergarten?

1. 당신이 좋아하는 스포츠는 무엇입니까?

2. 당신의 이름은 무엇입니까?

3. 그녀는 누구입니까?

4. 너는 누구야?

5. 안녕하세요?

6. 그는 어때?

7. 왜 당신은 긴장하나요?

8. 왜 당신은 두려워하나요?

9. 지금 몇 시인가요?

10. 당신은 무엇을 두려워하나요?

11. 내 지갑이 어디에 있지?

12. 카페에 많은 사람이 있나요?

13. 카페에 얼마나 많은 사람들이 있나요?

14. 사무실에 많은 고객들이 있나요?

15. 사무실에 얼마나 많은 고객들이 있나요?

16. 유치원에 얼마나 많은 아이들이 있나요?

17. How many things can you find?

18. How many hours a day do you sleep?

19. Where do you play a soccer game?

20. What sport do you like the most?

21. What does she do on weekends?

22. What do you usually do at work?

23. What time do you have a coffee break at work?

24. What time do you have lunch with your coworkers?

25. How many hours a day do you have lunchtime?

26. How many hours a day do you work?

27. How many people do you play a basketball game with?

28. Where do you want to travel this summer?

29. Why do you like taking food pictures?

30. Why do you think so?

17. 당신은 얼마나 많은 것을 찾을 수 있나요?

18. 당신은 하루에 몇 시간 잡니까?

19. 당신은 축구 시합을 어디에서 하나요?

20. 당신은 어떤 스포츠를 가장 좋아하나요?

21. 그녀는 주말에 무엇을 하나요?

22. 당신은 일하는 중에 주로 무엇을 하나요?

23. 당신은 일하는 중에 몇 시에 쉬나요?

24. 당신은 동료들과 몇 시에 점심식사를 하죠?

25. 하루에 몇 시간 동안 점심시간을 갖나요?

26. 당신은 하루에 몇 시간 동안 일을 하나요?

27. 당신은 몇 명과 농구시합을 하나요?

28. 당신은 올 여름에 어디를 여행하고 싶은가요?

29. 당신은 왜 음식 사진 찍는 것을 좋아하나요?

30. 당신은 왜 그렇게 생각하죠?

Chapter
3

반드시 알아야 할
문장력 키우기 2

3-1 have/has

• have/has: 가지고 있다

1. I have a good score.

2. I have a good average score.

3. I have three sweets.

4. You have a nice laptop.

5. We have a 7–day holiday.

6. I have a day off during this week.

7. She has only two sons.

8. Jane has a handsome husband.

9. Jackson has a positive mindset.

10. Nolan has a negative mindset.

11. My family has an important meeting this weekend.

12. The gentleman has white hair.

1. 나는 좋은 성적을 가지고 있다.

2. 나는 좋은 평균 점수를 가지고 있어.

3. 나는 세 개의 사탕이 있지.

4. 너는 멋진 노트북이 있구나.

5. 우리는 7일의 휴일이 있어.

6. 나는 이번 주에 쉬는 날이 있지.

7. 그녀는 두 명의 아들이 있어.

8. 제인은 잘생긴 남편이 있어.

9. 잭슨은 긍정적인 마음가짐을 가지고 있어.

10. 놀란은 부정적인 마음가짐을 가지고 있어.

11. 나의 가족은 이번 주말에 중요한 모임이 있어.

12. 그 신사는 백발이야.

3-2 do(es) not have

- do(es) not have: 가지고 있지 않다

1. I don't have a good score.

2. I don't have a good average score.

3. I don't have any sweets.

4. You don't have a laptop or desktop.

5. We don't have any holidays this month.

6. I don't have a day off during this week.

7. She doesn't have any child yet.

8. Jane doesn't have a boyfriend yet.

9. Jackson doesn't have any good mindset.

10. Nolan doesn't have any idea.

11. My family doesn't have any meeting this weekend.

12. The man doesn't have good manners.

1. 나는 좋은 점수를 가지고 있지 않아.

2. 나는 좋은 평균 점수를 가지고 있지 않아.

3. 나는 어떤 사탕도 가지고 있지 않아.

4. 너는 노트북이나 데스크 탑을 가지고 있지 않아.

5. 우리는 이번 달에 어떤 휴일도 없어.

6. 나는 이번 주에 쉬는 날이 없어.

7. 그녀는 아직 자식이 없어.

8. 제인은 아직 남자친구가 없어.

9. 잭슨은 어떤 좋은 마음가짐도 없어.

10. 놀란은 어떤 생각도 가지고 있지 않아.

11. 나의 가족은 이번 주말에 어떤 모임도 가지지 않아.

12. 그 남자는 예의가 없어.

3-3 Do you/Does she have?

- Do you/Does she have?: 가지고 있니?

1. Do you have a good score?

2. Do you have a good average score?

3. Do you have some sweets?

4. Do you have a nice laptop?

5. Do we have a 7—day holiday?

6. Do you have a day off during this week?

7. Does she have only two sons?

8. Does Jane have a handsome husband?

9. Does Jackson have a positive mindset?

10. Does Nolan have a negative mindset?

11. Does your family have an important meeting this weekend?

12. Does the man have good manners?

1. 너는 좋은 성적을 가지고 있니?

2. 너는 좋은 평균 점수를 가지고 있니?

3. 너는 사탕을 좀 가지고 있니?

4. 너는 멋진 노트북을 가지고 있니?

5. 우리는 7일간의 휴일을 가지고 있니?

6. 너는 이번 주에 쉬는 날이 있니?

7. 그녀는 두 명의 아들만 있는가?

8. 제인은 잘생긴 남편이 있는가?

9. 잭슨은 긍정적인 마음가짐을 가지고 있는가?

10. 놀란은 부정적인 마음가짐을 가지고 있는가?

11. 당신의 가족은 이번 주말에 중요한 모임이 있는가?

12. 그 남자는 예의가 있는가?

3-4 다양한 동사(diverse verbs)

1. I usually come back home at 8.

2. I get to work at 7:45 in the morning.

3. I go fishing or camping alone on weekends.

4. I often listen to music.

5. I have breakfast at 7 in the morning.

6. I usually skip breakfast because I am busy in the morning.

7. She travels to many cities in Korea every year.

8. Adrian sleeps for three hours a day because he has insomnia.

9. The cool boy is my boyfriend but I dislike his personality.

10. I don't usually come back home early.

11. I don't get to work on time.

12. I don't go fishing or camping alone on weekends.

13. I don't often listen to music.

14. I don't have breakfast each day.

15. I don't usually skip breakfast, lunch, and dinner.

1. 나는 주로 8시에 집에 들어가.

2. 나는 아침 7시 45분에 출근해.

3. 나는 주말에 홀로 낚시나 캠핑을 가지.

4. 나는 음악을 자주 들어.

5. 나는 오전 7시에 아침을 먹어.

6. 내가 아침에 바쁘기 때문에 나는 주로 아침 식사를 건너뛰지.

7. 그녀는 해마다 한국의 많은 도시를 여행해.

8. 애드리안은 불면증이 있기 때문에 하루에 세 시간 자.

9. 그 멋진 남자가 내 남자친구이지만 나는 그의 성격이 싫어.

10. 나는 주로 일찍 귀가하지 않아.

11. 나는 제시간에 출근하지 않아.

12. 나는 주말에 혼자 낚시나 캠핑을 가지 않아.

13. 나는 음악을 자주 듣지 않아.

14. 나는 매일 아침 식사를 하지 않아.

15. 나는 주로 아침, 점심, 저녁 식사를 거르지 않아.

16. She doesn't travel to many cities in Korea.

17. Adrian doesn't sleep for many hours a day because he has insomnia.

18. That cool boy is my boyfriend but I don't like his personality.

19. I don't have a driver's license.

20. She doesn't give me anything on my birthday.

21. Helen doesn't usually study hard.

22. He doesn't usually complain about me.

23. Do you usually come back home at 8?

24. What time do you usually come back home?

25. Do you get to work at 7:45 in the morning?

26. What time do you get to work in the morning?

27. Do you go fishing or camping alone on weekends?

28. Why do you enjoy those things alone?

29. What music do you often listen to?

30. Do you have breakfast at 7 in the morning?

31. What time do you have breakfast?

32. Why do you usually skip breakfast?

33. Does she travel to many cities in Korea every year? What cities does she travel to? How many cities in Korea does she travel to?

34. Does Adrian sleep for proper hours a day?

프롸펄: 적당한

16. 그녀는 한국의 많은 도시를 여행하지 않아.

17. 애드리안은 불면증이 있기 때문에 하루에 많은 시간 동안 잠을 자지 않아.

18. 저 멋진 남자가 나의 남자친구이지만 나는 그의 성격을 좋아하지 않아.

19. 나는 운전면허증이 없어.

20. 그녀는 나의 생일에 나에게 어떤 것도 주지 않아.

21. 헬렌은 주로 공부를 열심히 하지 않아.

22. 그는 주로 나에게 잔소리를 하지 않아.

23. 당신은 주로 8시에 귀가하는가?

24. 당신은 주로 몇 시에 귀가하는가?

25. 당신은 아침 7시 45분에 회사에 도착하는가?

26. 당신은 아침에 몇 시에 회사에 도착하는가?

27. 당신은 주말에 혼자 낚시나 캠핑을 가는가?

28. 당신은 왜 그러한 것들을 혼자 즐기는가?

29. 당신은 무슨 음악을 자주 듣는가?

30. 당신은 아침 7시에 아침 식사를 하는가?

31. 당신은 몇 시에 아침 식사를 하는가?

32. 당신은 왜 아침 식사를 거르는가?

33. 그녀는 해마다 한국의 많은 도시를 여행하는가? 그녀는 어떤 도시를 여행하는가? 그녀는 몇 개의 한국 도시를 여행하는가?

34. 애드리안은 하루에 적당한 시간 동안 잠을 자는가?

35. I feel so good when I chat with my close friends.

36. Please meet me up this Saturday.

37. I bring my laptop when I go to work.

38. I carry out my laptop everywhere.

39. I take an umbrella to school when it rains.

40. I always forget to bring my umbrella with me from school.

41. I forget to bring my report with me all the time.

42. Jane sometimes forgets to take her bag with her when she gets off the bus or taxi.

43. My baby often weeps. I don't know why.

44. You always make me cry!

45. This food makes me crazy.

46. Sweet coffee makes me relaxed.

47. I get dizzy whenever I take this pill.

48. I don't feel good when I chat with my close friends.

49. I cannot meet you up this Saturday.

50. I don't usually take my laptop when I go to work.

51. I don't carry out my laptop anywhere.

35. 나는 내 친한 친구들과 수다를 떨 때 기분이 매우 좋다.

36. 이번 주 토요일에 나를 만나줘.

37. 나는 출근할 때 나의 노트북을 가져가.

38. 나는 나의 노트북을 어디든 가지고 다녀.

39. 나는 비가 올 때 우산을 학교로 가져가.

40. 나는 항상 나의 우산을 학교에서 가지고 오는 것을 잊어.

41. 나는 항상 나의 보고서를 가지고 오는 것을 잊어.

42. 제인은 버스나 택시에서 내릴 때 가끔 그녀의 가방을 가지고 가는 것을 잊어버린다.

43. 나의 아기는 자주 운다. 이유를 모르겠다.

44. 당신은 항상 나를 울게 해!

45. 이 음식은 나를 정신 나가게 하지.

46. 단 커피는 나를 느긋하게 해.

47. 나는 이 알약을 먹을 때마다 어지러워.

48. 나는 나의 친한 친구들과 수다를 떨 때 기분이 좋지 않아.

49. 나는 이번 주 토요일에 너를 만날 수 없어.

50. 나는 주로 출근할 때 나의 노트북을 가지고 가지 않아.

51. 나는 나의 노트북을 어디에도 가지고 다니지 않아.

52. I don't take an umbrella to school even when it rains.

53. I never forget to take my umbrella with me from school.

54. I don't forget to bring my report with me all the time.

55. Jane doesn't usually forget to take her bag with her when she gets off the bus or taxi.

56. My baby doesn't weep. I don't know why.

57. You never make me smile!

58. Do you feel so good when you chat with your close friends?

59. Do you want to meet me up this Saturday?

60. Do you take your laptop when you go to work?

61. Do you carry out your laptop everywhere?

62. Do you take an umbrella to school when it rains?

63. Do you always forget to bring your umbrella with you from school?

64. Do you forget to bring your report with you all the time?

65. Does Jane sometimes forget to take her bag with her when she gets off the bus or taxi?

66. Does your baby often weep? Do you know why?

67. Why do you always make me cry?

68. Why don't you make me smile?

52. 나는 비올 때조차 학교로 우산을 가지고 가지 않아.

53. 나는 학교에서 나의 우산을 가지고 갈 것을 절대 잊지 않아.

54. 나는 항상 나의 보고서를 가지고 오는 것을 잊지 않아.

55. 제인은 주로 버스나 택시에서 내릴 때 그녀의 가방을 가지고 가는 것을 잊지 않아.

56. 나의 아기는 울지 않아. 이유를 모르겠어.

57. 너는 절대 나를 웃게 하지 않아!

58. 당신은 당신의 친한 친구들과 수다를 떨 때 기분이 매우 좋은가?

59. 당신은 이번 주 토요일에 나를 만나고 싶은가?

60. 당신은 출근할 때 당신의 노트북을 가지고 가는가?

61. 당신은 당신의 노트북을 어디든 가지고 다니는가?

62. 비 올 때 당신은 학교로 우산을 가지고 가는가?

63. 당신은 학교에서 당신의 우산을 가지고 오는 것을 잊어버리는가?

64. 당신은 항상 당신의 보고서를 가지고 오는 것을 잊어버리는가?

65. 제인은 버스나 택시에서 내릴 때 그녀의 가방을 가지고 가는 것을 가끔 잊어버리는가?

66. 당신의 아기는 자주 우는가? 이유를 아는가?

67. 왜 당신은 항상 나를 울게 만드는가?

68. 나를 웃게 해주는 것은 어떤지?

3-5 장문 연습

My birthday is on May 5th. The day is Children's day. I am not a young kid. I don't enjoy Children's day. The day is only my holiday. My family celebrates my birth. Many of my friends give me a present on my birthday. However, I don't throw a party because I am not a party person. Party makes me crazy.

나의 생일은 5월 5일이다. 그날은 어린이날이다. 나는 어린이가 아니다. 나는 어린이날을 즐기지 않는다. 그날은 그저 나의 휴일일 뿐이다. 나의 가족은 나의 탄생을 기념한다. 많은 나의 친구들이 내 생일에 선물을 준다. 그렇지만 나는 파티를 좋아하는 사람이 아니기 때문에 파티를 열지 않는다. 파티는 나를 정신 사납게 한다.

Chapter

4

조동사와
문장력 키우기

4-1 have/has to

- have/has to: 해야 한다

1. I have to study really hard.

2. I have to leave right now.

3. We have to finish our project by this week.

4. They have to rest even for a week.

5. I have to go to work early this morning.

6. You have to drink eight glasses of water a day.

7. She has to drink clear water.

8. He has to talk with you.

9. Jane has to face the truth.

10. My son has to stay healthy.

11. Brad has to stop eating meat.

12. Mr. B has to reduce his body fat.

13. We have to sleep out most nights.

NOTE

glass: 찬 음료를 말할 때
cup: 뜨거운 음료를 말할 때

1. 나는 정말로 공부를 열심히 해야 한다.

2. 나는 지금 당장 떠나야 한다.

3. 우리는 이번 주까지 우리의 과제를 끝내야 한다.

4. 그들은 일주일이라도 쉬어야 한다.

5. 나는 오늘 아침 일찍 출근해야 한다.

6. 당신은 하루에 물 8잔을 마셔야 한다.

7. 그녀는 깨끗한 물을 마셔야 한다.

8. 그는 당신과 이야기하고 싶어 한다.

9. 제인은 그 사실과 직면해야 한다.

10. 나의 아들은 건강을 유지해야 한다.

11. 브래드는 고기 먹는 것을 멈추어야 한다.

12. 미스터 비는 몸의 지방을 줄여야 한다.

13. 우리는 밤 대부분을 밖에서 자야 한다.

4-2 do(es) not have to

• do(es) not have to: 하지 않아도 된다

1. I don't have to study really hard.

2. I don't have to leave right now.

3. We don't have to finish our project by this week.

4. You don't have to drink eight glasses of water a day.

5. I don't have to get to work early this morning.

6. She doesn't have to drink coffee.

7. He doesn't have to talk with you.

8. Jane doesn't have to face the truth.
   직면하다

9. My son doesn't have to have dinner.

10. Brad doesn't have to stop eating meat.

11. Mr. B doesn't have to reduce his body fat.
    뤼듀쓰: 줄이다

12. We don't have to sleep out most nights.

1. 나는 공부를 열심히 하지 않아도 된다.

2. 나는 지금 당장 나서지 않아도 된다.

3. 우리는 이번 주까지 우리의 과제를 끝내지 않아도 된다.

4. 당신은 하루에 물을 8잔 마시지 않아도 된다.

5. 나는 오늘 아침에 일찍 회사에 도착하지 않아도 된다.

6. 그녀는 커피를 마시지 않아도 된다.

7. 그는 너와 대화하지 않아도 된다.

8. 제인은 그 사실을 받아들이지 않아도 된다.

9. 나의 아들은 저녁 식사를 하지 않아도 된다.

10. 브래드는 고기를 먹는 것을 멈추지 않아도 된다.

11. 미스터 비는 몸의 지방을 줄이지 않아도 된다.

12. 우리는 밤 대부분을 밖에서 자지 않아도 돼.

4-3 Do you/Does she have to ⋯ ?

- Do you/Does she have to ⋯ ?: ⋯ 해야 하는가?

1. Do I have to study really hard?

2. Do you have to leave right now?

3. Do we have to finish our project by this week?

4. Do they have to rest even for a week?
이븐: 조차

5. Do I have to go to work early this morning?

6. Do I have to drink a cup of coffee a day?

7. Does she have to drink enough water?

8. Does he have to talk with you?

9. Does Jane have to face the truth?

10. Does your son have to keep silent?

11. Does Brad have to stop eating meat?

12. Does Mr. B have to reduce his body fat?

13. Do we have to sleep out most nights?

1. 나는 공부를 정말로 열심히 해야 하는가?

2. 너는 지금 당장 나서야 하는가?

3. 우리는 이번 주까지 우리의 과제를 끝내야 하는가?

4. 그들은 일주일이라도 쉬어야 하는가?

5. 나는 오늘 아침에 일찍 출근해야 하는가?

6. 저는 하루에 커피 한 잔을 마셔야 하나요?

7. 그녀는 충분한 물을 마셔야 하는가?

8. 그는 너와 이야기를 해야 하는가?

9. 제인은 그 사실을 받아들여야 하는가?

10. 당신의 아들은 침묵을 지켜야 하는가?

11. 브래드는 고기를 먹는 것을 그만두어야 하는가?

12. 미스터 비는 그의 체지방을 줄여야 하는가?

13. 우리는 밤 대부분을 밖에서 자야 하는가?

4-4 다양한 의문문

1. Why do I have to study really hard?

2. Why do you have to leave right now?

3. What time do you have to leave here?

4. How many weeks do they have to rest?

5. What time do I have to get to work this morning?

6. How many glasses of water a day do I have to drink?

7. What water does she have to drink?

8. Who does he have to talk with?

9. What truth does Jane have to face?

10. When does your son have to keep silent?

11. Why does Brad have to stop eating meat?

12. When does Mr. B have to reduce his body fat from?

13. How many nights do we have to sleep out?

1. 왜 우리가 공부를 정말로 열심히 해야 하는가?

2. 왜 당신은 지금 당장 떠나야 하는가?

3. 당신은 몇 시에 여기에서 나가야 하나요?

4. 그들은 몇 주간 쉬어야 하나요?

5. 제가 오늘 아침 몇 시에 회사에 도착해야 할까요?

6. 제가 하루에 몇 잔의 물을 마셔야 할까요?

7. 그녀는 어떤 물을 마셔야 할까요?

8. 그는 누구와 대화를 해야 할까요?

9. 제인은 어떤 진실을 받아들여야 하나요?

10. 당신의 아들은 언제 침묵을 지켜야 할까요?

11. 왜 브래드는 고기를 먹는 것을 멈추어야 하나요?

12. 미스터 비는 언제부터 체지방을 줄여야 하나요?

13. 우리가 며칠 밤을 밖에서 자야 하나요?

4-5 should

- should: 해야 한다

1. I should see an internist in two days.
   인털니스뜨: 내과의사

2. My child should just see a pediatrician.
   피디어트뤼션: 소아과의사

3. We should pay for the concert tickets.

4. The cooks should use natural seasoning.

5. Your parents should scold you when you mistake.

6. She should make the right choice.

7. Wendy should be nice to everyone.

8. Young students should go to school.

9. Kids should know how to interact with people.
   이널뤡트

10. Young people should surely make a dream.

11. Old people should teach young people how to make their

    dreams.

1. 나는 이틀 후에 내과에 가야 해.

2. 나의 아이는 바로 소아과에 가야 해.

3. 우리는 그 공연 티켓을 지불해야 합니다.

4. 그 요리사들은 천연 조미료를 써야 한다.

5. 당신의 부모는 당신이 실수를 할 때 꾸짖어야 합니다.

6. 그녀는 올바른 선택을 해야 해.

7. 웬디는 모두에게 잘 대해야 합니다.

8. 어린 학생들은 학교에 다녀야 한다.

9. 어린이들은 사람들과 상호작용하는 법을 알아야 한다.

10. 젊은이들은 확실히 꿈을 만들어야 한다.

11. 나이 든 사람들은 젊은이들이게 그들의 꿈을 만드는 법을 가르쳐
    야 한다.

4-6 should not/never

• should not/never: 해서는 (절대) 안 된다

1. The cooks should not use chemical seasoning.

케미컬: 화학적인

2. Parents should not scold even when children make minor mistakes.

마이널: 사소한

3. She should not make the wrong choice.

4. Wendy should never be rude to her clients.

5. Young students should not go to dangerous places at night.

6. Kids should not first learn how to stay away from people.

멀어지다

7. Young people should never give up on their dream.

8. Old people should not teach young people how to escape

from a crisis.

NOTE

choose: v. 선택하다
choice: n. 선택(권)

1. 그 요리사들은 화학적인 조미료를 사용해서는 안 된다.

2. 부모는 자식들이 사소한 잘못을 할 때조차 꾸짖어서는 안 된다.

3. 그녀는 잘못된 선택을 해서는 안 된다.

4. 웬디는 그녀의 고객들에게 절대 예의 없이 굴어서는 안 된다.

5. 어린 학생들은 밤에 위험한 곳에 가서는 안 된다.

6. 어린이들은 처음에 사람들과 멀어지는 법을 배워서는 안 된다.

7. 젊은이들은 그들의 꿈을 절대 포기해서는 안 된다.

8. 나이 든 사람들은 젊은이들에게 위기에서 도망가는 법을 가르쳐서는 안 된다.

4-7 Should I ··· ?

- Should I ··· ?: ··· 해야 하나요?

1. Should I see an internist in two days?
인털니스뜨

2. Should my child just see a pediatrician?
피디어트뤼션

3. Should we pay for the expensive concert tickets?

4. Should cooks use only natural seasoning?

5. Should I scold my children when they mistake?

6. Should I make the right choice?

7. Should Wendy be nice to everyone?

8. Should young students surely go to school?

9. Should kids know how to interact with people?

10. Should young people surely make a dream?

11. Should old people teach young people how to make their

    dreams?

1. 제가 이틀 후에 내과에 가야 하나요?

2. 나의 아이 소아과에 바로 가야 하나요?

3. 우리는 비싼 공연 티켓을 지불해야 합니까?

4. 요리사는 천연 조미료만 써야 하나요?

5. 나는 나의 자식들이 실수할 때 꾸짖어야 하나요?

6. 나는 옳은 선택을 해야 하나요?

7. 웬디는 모두에게 잘 대해야 하나요?

8. 어린 학생들은 반드시 학교에 다녀야 하는가?

9. 어린이들은 사람들과 상호작용하는 법을 알아야 하는가?

10. 젊은이들은 반드시 꿈을 만들어야 하는가?

11. 나이든 사람들은 젊은이들에게 꿈 만드는 법을 가르쳐야 하는가?

4-8 의문사 + should I … ?

- 의문사 + should I … ?: (무엇을) 해야 하나요?

1. What doctor should I see in two days?

2. What doctor should my child just see?

3. What should we pay for?

4. Why should cooks use only natural seasoning?

5. How should I scold when my children mistake?

6. How should I make the right choice all the time?

7. What should I do?

8. Why should young students go to school?

9. When should kids know how to interact with people?

10. Why should young people get a job?

11. How should old people teach young people how to make their dreams?

1. 나는 이틀 후에 어떤 의사를 만나야 하죠?

2. 나의 아이는 어떤 의사를 바로 만나야 합니까?

3. 우리는 무엇을 지불해야 하나요?

4. 왜 요리사는 천연 조미료만 써야 하죠?

5. 나는 나의 자식들이 실수할 때 어떻게 꾸짖어야 하나요?

6. 어떻게 내가 항상 옳은 선택을 해야 하나요?

7. 나는 무엇을 해야 하나요?

8. 왜 어린 학생들은 학교에 다녀야 하나요?

9. 어린이들은 언제 사람들과 상호작용하는 법을 배워야 하나요?

10. 왜 젊은이들이 취업을 해야 하나요?

11. 나이든 사람들이 젊은이들에게 꿈을 갖는 방법을 어떻게 가르쳐야 하나요?

4-9 want(s) to

- want(s) to: 하고 싶다

1. I want to be a good person.

2. I want to see you now.

3. I want to meet you up this weekend.

4. You want to be a dentist in the future.

5. We want to get some water.

6. They want to drink dark coffee.

7. She wants to go abroad to study.
    어브뤄드: 해외로

8. He wants to take a break.

9. Jane wants to read many books.

10. My parents want to talk with me.

11. My friends want to meet me up tonight.

12. My family wants to travel abroad this summer.

13. My dad wants to grow many plants.

1. 나는 좋은 사람이 되고 싶다.

2. 나는 지금 너를 보고 싶다.

3. 나는 이번 주말에 너를 만나고 싶다.

4. 너는 미래에 치과의사가 되고 싶구나.

5. 우리는 물을 (얻어) 마시고 싶다.

6. 그들은 진한 커피를 마시고 싶어 한다.

7. 그녀는 공부하러 해외로 가고 싶어 한다.

8. 그는 쉬고 싶어 한다.

9. 제인은 많은 책을 읽고 싶어 한다.

10. 나의 부모는 나와 대화하고 싶어 한다.

11. 나의 친구들은 오늘 밤에 나를 만나고 싶어 한다.

12. 나의 가족은 올 여름에 해외로 여행을 가고 싶어 한다.

13. 나의 아빠는 많은 식물을 기르고 싶어 한다.

4-10 do(es) not want to

- do(es) not want to: 하고 싶지 않다

1. I don't want to be an accountant.

2. I don't want to see you now.

3. I don't want to meet you up this weekend.

4. You don't want to be a dentist in the future.

5. We don't want to get annoyed at you.

6. They don't want to drink bitter coffee.

7. She doesn't want to go abroad to study.

8. He doesn't want to work for many hours a day.

9. Jane doesn't want to read many books.

10. My parents don't want to talk with me.

11. My friends don't want to work till night.

12. My family doesn't want to travel anywhere.

13. My dad doesn't want to grow house pets.

1. 나는 회계사가 되고 싶지 않아.

2. 나는 지금 너를 보고 싶지 않아.

3. 나는 이번 주말에 너를 만나고 싶지 않아.

4. 너는 미래에 치과의사가 되고 싶지 않구나.

5. 우리는 너에게 짜증 내고 싶지 않아.

6. 그들은 쓴 커피를 마시고 싶지 않아.

7. 그녀는 공부하러 해외로 가고 싶지 않아.

8. 그는 하루에 오랜 시간을 일하고 싶지 않아.

9. 제인은 많은 책을 읽고 싶어 하지 않아.

10. 나의 부모는 나와 대화하고 싶어 하지 않아.

11. 나의 친구들은 밤까지 일하고 싶어 하지 않아.

12. 나의 가족은 어느 곳도 여행하고 싶어 하지 않아.

13. 나의 아빠는 애완동물을 기르고 싶지 않아.

4-11 Do you/Does he want to … ?

- Do you/Does he want to … ?: … 하고 싶니?

1. Do you want to be a good person?

2. Do you want to see me now?

3. Do you want to meet me up this weekend?

4. Do you want to be a dentist in the future?

5. Do you want to get some water?

6. Do they want to drink dark coffee?

7. Does she want to go abroad to study?

8. Does he want to take a break?

9. Does Jane want to read many books?

10. Do your parents want to talk with you every day?

11. Does your family want to travel abroad this summer?

1. 너는 좋은 사람이 되고 싶니?

2. 너는 지금 나를 보고 싶니?

3. 너는 이번 주말에 나를 만나고 싶니?

4. 너는 미래에 치과의사가 되고 싶니?

5. 너는 물을 마시고 싶니?

6. 그들은 진한 커피를 마시고 싶어 하는가?

7. 그녀는 공부하러 해외로 가고 싶어 하는가?

8. 그는 쉬고 싶어 하는가?

9. 제인은 많은 책을 읽고 싶어 하는가?

10. 너의 부모는 매일 너와 대화하고 싶어 하는가?

11. 너의 가족은 이번 여름에 해외로 여행을 가고 싶어 하는가?

4-12 hope(s) to

- hope(s) to: 하기를 바란다(하고 싶다)

1. I hope to win against James.

2. I hope so.

3. You hope to hear the story.

4. We sometimes hope to visit the street.

5. They hope to visit the city again.

6. I hope to live my life.

7. My parents hope to save money.

8. She hopes to achieve her dream.

9. He hopes to think of you.

10. Helen hopes to study speaking English.

11. Mr. Samuel hopes to rest for a few weeks.

12. My baby hopes to speak something odd.

13. My teacher hopes to have a talk with me.

1. 나는 제임스를 이기고 싶다.

2. 나는 그렇기를 바란다.

3. 너는 그 이야기를 듣고 싶구나.

4. 우리는 가끔 그 거리를 방문하고 싶어.

5. 그들은 그 도시에 다시 방문하고 싶어.

6. 나는 나의 삶을 살고 싶어.

7. 나의 부모는 돈을 절약하고 싶다.

8. 그녀는 그녀의 꿈을 이루기 바란다.

9. 그는 너에 대해 생각하기를 바란다.

10. 헬렌은 영어 말하기를 공부하고 싶어 한다.

11. 새뮤얼 씨는 몇 주 동안 쉬고 싶다.

12. 나의 아기는 무언가 이상한 것을 말하고 싶어 한다.

13. 나의 선생님은 나와 대화하기를 바란다.